T0308730

Tejados de Barcelona

Printed in Spain
ISBN: 978-84-252-2846-9
Depósito legal: B. 16.308-2016
Impresión: agpograf impressors, Barcelona

Diseño de la cubierta: Toni Cabré/Editorial Gustavo Gili, SL

Editorial Gustavo Gili, SL
Via Laietana 47, 2º, 08003 Barcelona, España.
Tel. (+34) 93 322 81 61
Valle de Bravo 21, 53050 Naucalpan, México.
Tel. (+52) 55 55 60 60 11

Tejados de Barcelona

Miguel Herranz

GG®

Siempre me ha atraído dibujar desde los tejados, pero nunca lo he hecho de forma sistemática. Hay en ello algo melancólico y crepuscular, aunque solo sea porque el sol se pone más tarde visto desde una azotea. Los tejados son como esos actores secundarios que son más feos pero mejores intérpretes que el protagonista. Antihéroes simpáticos que bailan peor y no ligan, pero saben.

Los tejados no tienen frisos ni cariátides sino cables, antenas y chimeneas. No tienen muros y, desde ellos, puedes ver el mar. No miras desde abajo a los gigantes, estás encaramado sobre sus hombros.

No hace muchos años que vivo en Barcelona, pero tengo la sensación de que gracias a este libro he llegado a conocerla mejor que a ninguna de las ciudades donde he vivido antes.

Esto es lo primero que veo cada día
cuando me levanto, abro las cortinas
y subo la persiana.

Alguien dice: "Alquilé un coche con chófer para ir a El Bulli y poder beber lo que quisiera". Yo sigo dibujando el logo de los yogures.

Desde arriba, Barcelona es como otra ciudad, hay otra luz, otros colores, otros ritmos, otros sonidos, otra gente…

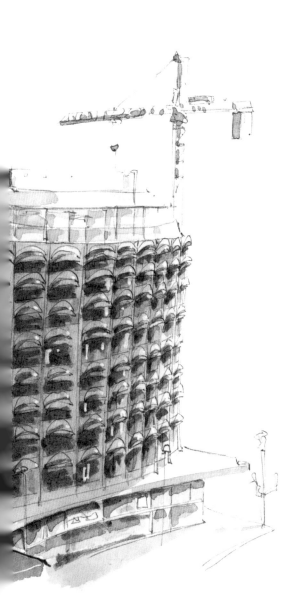

Nubes indecisas y sol tímido.
Hay barrios enteros sobre los barrios
del mapa, otras ciudades desconocidas...

Pulgares abajo sobre el mando a
distancia, el nuevo circo romano del
emperador televisivo no necesita
que te levantes del sillón.

El sol me deslumbra, las gafas hacen
lo que pueden. El invierno está siendo
primaveral y la primavera se tomará
la revancha.

La vuelta al ruedo, o al no ruedo,
en una plaza de toros que ya no lo es.
Después de un *lifting* acrobático queda
un mercado disfrazado de circo.

Me dejan una habitación durante un
par de horas. No es mi dormitorio ni
mi cama y tengo la sensación de ser
un turista.

He venido aquí decenas de veces.
En mi cabeza he dibujado este panorama
de mil maneras distintas, pero es la
primera vez que lo hago sobre un papel.
El resultado es diferente de todo lo que
había imaginado antes.

Un hombre y un águila –que no es
un águila sino un Fénix– vigilan el
Paseo de Gràcia desde las alturas.
Enfrente, otro hombre y una pluma
–que no es una pluma sino un bolígrafo–
dibujan la escena. Todos bastante
sorprendidos.

Mirar la ciudad desde lo alto es como ver
lo que hay bajo una alfombra, bajo una
falda o bajo una cama…, solo que en este
caso todo está encima.

En Barcelona, cuando te subes a lo alto,
estés donde estés la Torre de Collserola
te está observando.

Un bosque de plátanos pasea La Rambla
arriba y abajo dando sombra a los turistas
que solo los notarían si no estuvieran.

Románico, gótico, neogótico, posmoderno, *trash*, *hipster*... lo extraño de toda esta ensalada es que resulte tan comestible cuando la ves desde arriba.

Donde estoy no hay barandilla, solo
unos arneses que te sujetan a un cable
de acero con mosquetones, así que
dibujo deprisa y dejo la mayor parte
del trabajo para hacerlo en casa.

Más ensaladas: la torre del teleférico,
la estatua de Colón, el Ayuntamiento,
el puerto, el Edificio Colón, Monjuïc,
las Tres Chimeneas, el Liceu,
Santa María del Pi, la Catedral…

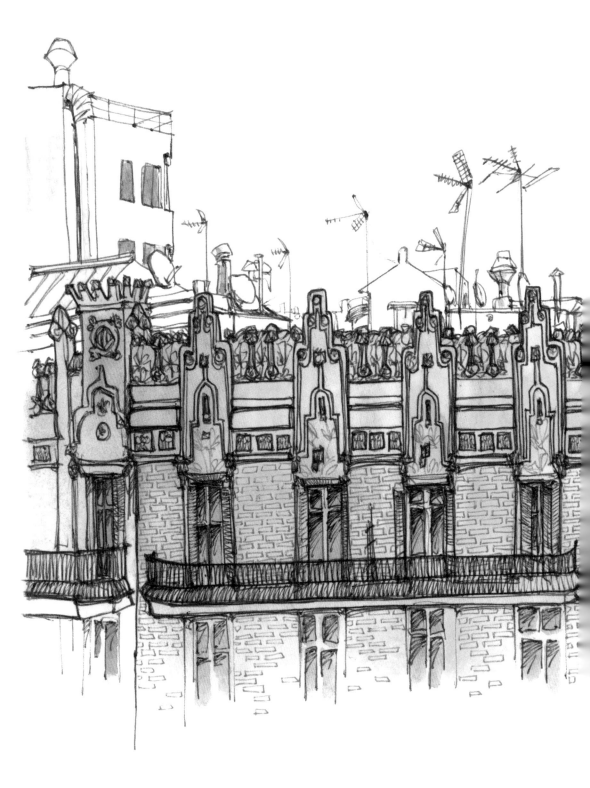

Cenefas entrelazadas con antenas,
frisos mezclados con chimeneas,
tragaluces y barandillas, tejas y tubos,
cables y tablas y plantas y pájaros...
Hay otros mundos, pero están *encima*
de este.

Plaça Margarida Xirgu: el Institut del
Teatre, el Teatre Grec, el Teatre Lliure,
el Mercat de les Flors, todos a escena.

Que tu geolocalización coincida con
la de la ciudad no significa que estés
en ella. No cuando estás en un tejado.

Ante mí, una nube y una silla hechas
con tubos de acero curvados y
retorcidos, mientras dibujo de pie
rodeado de herramientas y aparejos.

Estuvimos a punto de vivir en el ático
del edificio que se ve en el centro.
Probablemente, cuando visitamos la
casa vi, sin reparar mucho en él,
el balcón desde el que ahora dibujo.

Creciendo como lava incandescente,
tratando de salir a la superficie o de
llegar al cielo…

Me pregunto cuántos reclusos habrán visto la Cárcel Modelo desde arriba. Desde abajo solo pueden ver muros. Imagino que por eso lo primero que hacen los presos en los motines es tomar el tejado.

Mientras dibujo, detrás de mí una mujer limpia y habla con el manos libres con otra mujer que limpia y, probablemente, habla con el manos libres. Yo sigo dibujando esto y me acuerdo de Cenicienta.

Sol magnánimo de enero al mediodía.
Cae más de un vermut.

Cuando la Sagrada Familia, allá al fondo,
esté terminada, será casi tan alta como
la chimenea que se ve a la derecha.

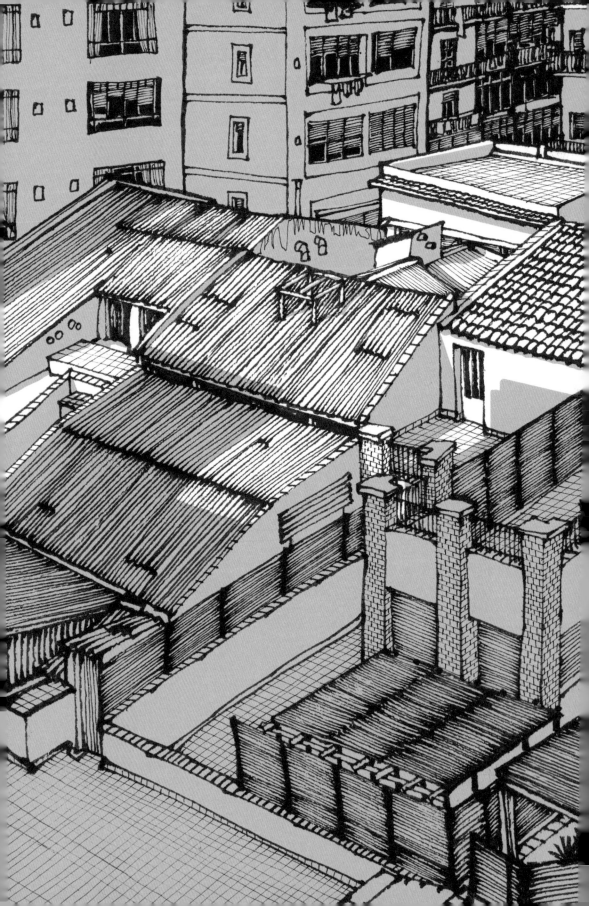

Los tejados nuevos tienen más chapa
y menos hierro, más cemento y menos
ladrillo, más baldosa y menos baldosín.

La paloma viene y va, no se aleja mucho.
Vuela un poco, picotea y vuelve.
Se ha ganado quedarse en el dibujo.

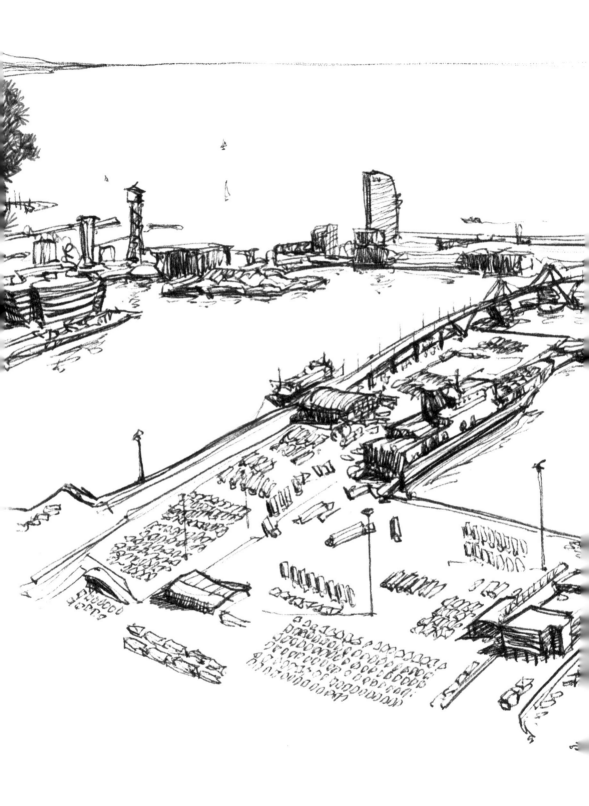

Desde Montjuïc todo se ve como
imagino que lo ven las gaviotas: pequeño,
un poco lejano y lleno de movimiento un
tanto alocado.

También aquí arriba hay clases y aristocracia: tejados de diario y de domingo, uniformes y disfraces, plebeyos y patricios...

Las calles se barren, las fachadas se limpian, los árboles se podan, se corta el césped… Los tejados solo merecen cuidados cuando hay goteras.

Uno deja de mirar paredes arriba para
mirar al infinito. A veces como alzando
el vuelo, otras como si la tierra te
abrazara los pies.

Desde el Park Güell hasta el mar,
un arco iris se deja caer cada día
que el sol se lo permite.

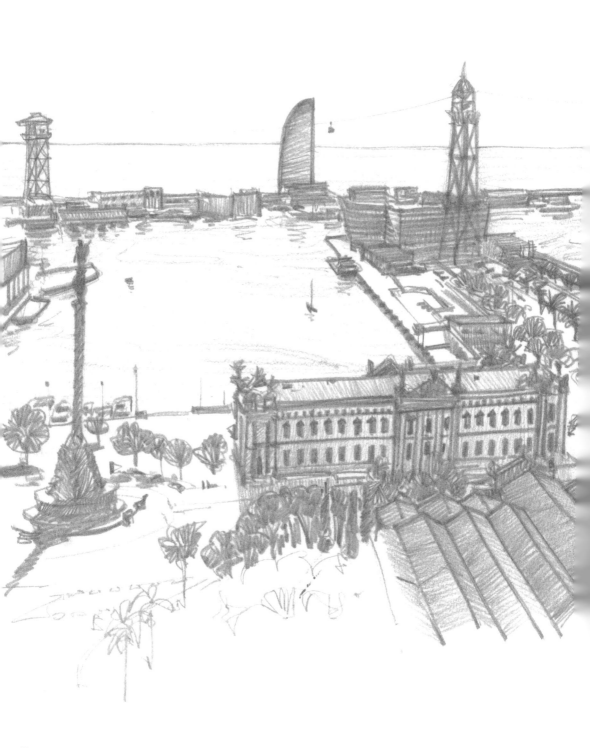

Entre el mar y Barcelona hay una especie
de cortejo respetuoso, siempre cerca,
siempre mirándose de reojo...

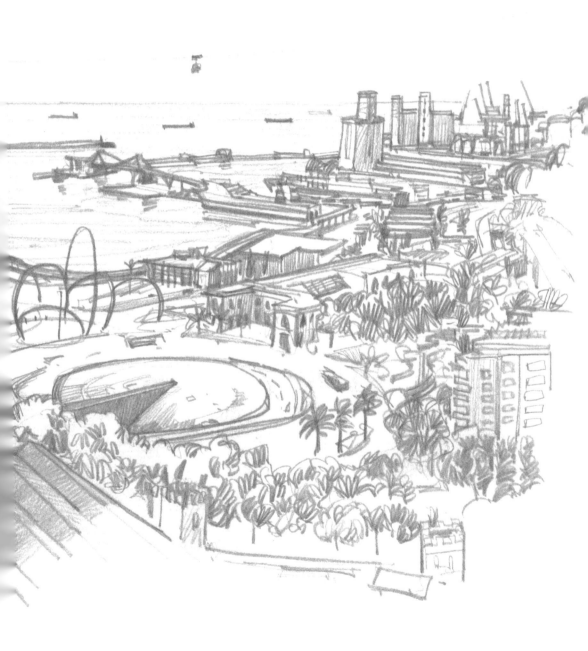

Los pájaros compiten en sus jaulas por
ver quién canta más fuerte mientras sus
amos juzgan quién lo hace más bonito.